Este libro está dedicado a mis hijos - Mikey, Kobe y Jojo.

Copyright © 2022 Grow Grit Press LLC. Todos los derechos reservados. Ninguna parte de este libro puede ser reproducida en ninguna forma sin el permiso por escrito de la editorial. Por favor, envíe solicitudes de pedido al por mayor a growgritpress@gmail.com Impreso y encuadernado en los Estados Unidos. NinjaLifeHacks.tv Tapa blanda ISBN: 978-1-63731-551-4 Tapa dura ISBN: 978-1-63731-552-1

Ninja Life Hacks™

La Ninja del Dinero

Por Mary Nhin

Estaba llenando mi máquina de dulces y recogiendo el dinero que gané cuando la Ninja Desconectada entró.

La Ninja Desconectada acababa de recibir dinero de su cumpleaños.
--Después de comprar 5 paquetes de tarjetas de Pokémon, voy a comprar un nuevo control remoto para mi PC --explicó la Ninja Desconectada.

¡Genial!

Después de llegar a casa, vendí limonadas mientras que la Ninja Desconectada continuaba hablando de gastar dinero.

Después de una tarde de vender limonadas, decidí hacer un vídeo para mi canal de YouTube. Estaba haciendo dinero con mi canal de YouTube compartiendo mis sucesos diarios.

La Ninja Desconectada me preguntó qué iba a hacer con todo el dinero que había ganado. Le dije que iba a ayudar a un amigo necesitado. Me dirigía al hospital para ver a un amigo y la invité a acompañarme.

Cuando llegamos al hospital y a la habitación #4322, le entregué el dinero que gané a la madre del Ninja Valiente.

El Ninja Valiente estaba muy enfermo y el dinero iba a ayudar a pagar las facturas del médico.

--Puedes hacer otras cosas con tu dinero además de gastarlo. Puedes invertirlo, ahorrarlo o donarlo --expliqué de camino a casa.

Cuando me dieron dinero para mi cumpleaños, una de las primeras cosas que hice fue guardar un poco para mi carro. Para cuando cumpla los 16, tendré 10,000 dólares guardados en mi cuenta bancaria.

Ahorrar nos ayuda a desarrollar gratificación retrasada.
Es una buena cualidad. Significa que somos pacientes.

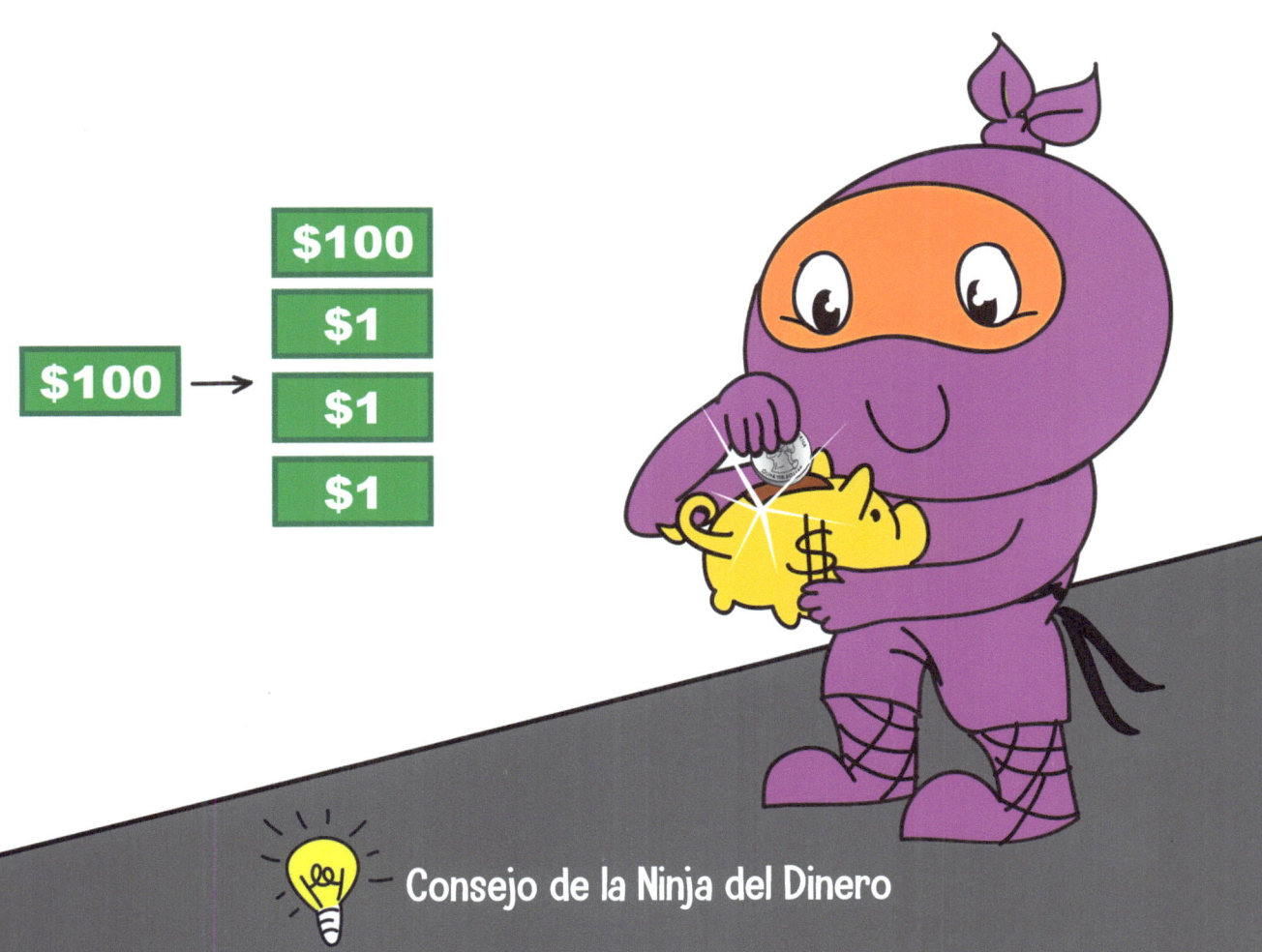

Consejo de la Ninja del Dinero

Si depositas $100 en tu cuenta de cheques, tu dinero cobrará intereses. El banco puede pagar hasta $3. Por lo tanto, puede convertir $100 en $103.

Otra cosa que hice con mi dinero de cumpleaños es invertirlo. Invertí en un puesto de limonada, máquinas de dulces y equipos para mi canal de YouTube.

Invertir nos ayuda a ser inteligentes con el dinero.

Consejo de la Ninja del Dinero

Si inviertes $10 en tu negocio como en un puesto de limonada, y ganas $20 de vuelta, acabas de duplicar tu dinero.

Finalmente, lo último que hice con el dinero de mi cumpleaños fue donarlo. Donar a mi iglesia y a los necesitados me hacen sentir feliz.

Consejo de la Ninja del Dinero

A veces lo que haces con tu dinero te da cosas que no puedes ver pero que puedes sentir.

El desarrollo de la gratificación retrasada, habilidades conocedoras de dinero y la donación a los necesitados son las mejores armas de un ninja contra la gratificación instantánea y la codicia.

¡Visita ninjalifehacks.tv para obtener imprimibles divertidos gratis!

@marynhin @GrowGrit
#NinjaLifeHacks

Mary Nhin   Ninja Life Hacks

Ninja Life Hacks

@ninjalifehacks.tv

www.ingramcontent.com/pod-product-compliance
Lightning Source LLC
Chambersburg PA
CBHW041108070526
44583CB00002B/110